KIDS PROGRAMMING 3

Written by:
Kensho Koyama &
Mindaugas Ramanauskis

CHESTNUT TREE
LEARNING©

Written by: Kensho Koyama & Mindaugas Ramanauskis

INDEX

UNIT 1 Soccer 4

UNIT 2 Hot Air Balloon 8

UNIT 3 Fishing 12

UNIT 4 Skiing 16

UNIT 5 Fashion Design 20

UNIT 6 Car Race 24

UNIT 7 Collect Apples 28

UNIT 8 Golf 32

UNIT 9 Boxing 36

UNIT 10 Rafting 40

Glossary 44

ATTENTION!!

Before using this textbook, please access all lesson materials using the link below

- Unit 1-10 Warm-ups
- Student lesson projects
- Teacher lesson projects (completed)

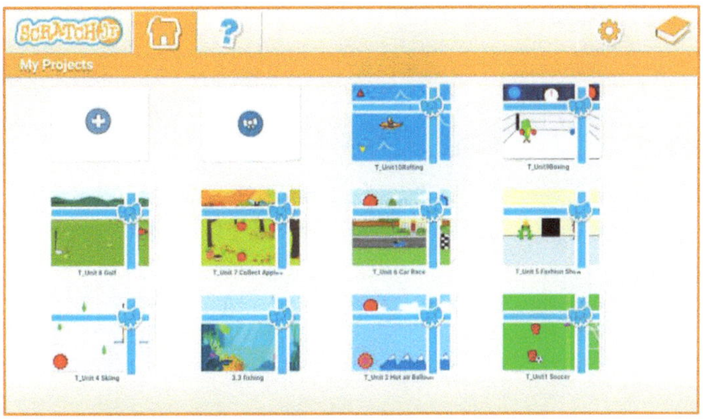

UNIT 1: Soccer

1.

field

2.

players

3.

goalkeeper

Soccer Chant

Players, **kick**, the soccer ball,
run, run, to the soccer ball,
shoot, shoot, the soccer ball
on the **field**, nice **save goalkeeper**!

WORDBANK	
field	run
players	kick
goalkeeper	save

UNIT 1: Soccer

1.

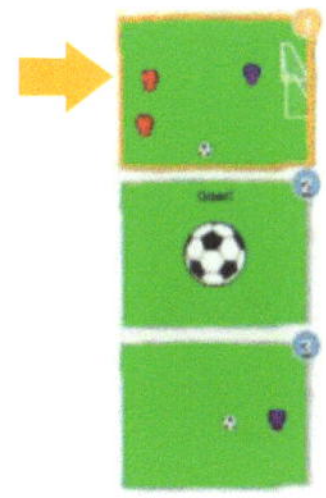

Yes I did it!

2.

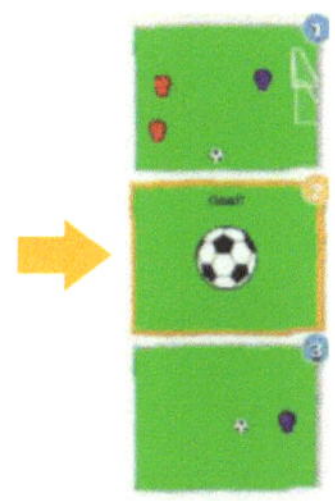

Yes I did it!

3.

Yes I did it!

Extra Programming

UNIT 1: Soccer

Connect:

5

8

3

Count and Color:

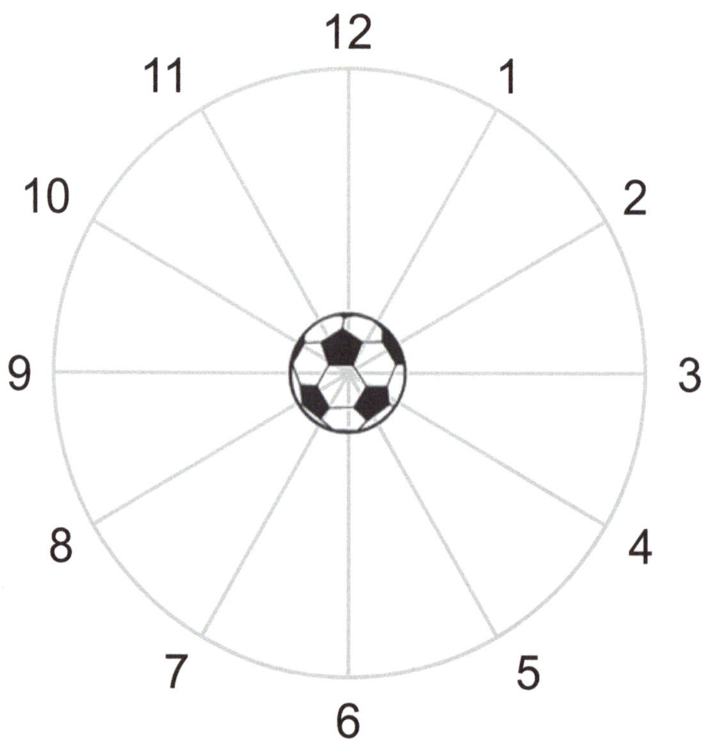

UNIT 1: Soccer

Find:

O	O	O	X	O	O
X = 1	2	3	(4)	5	6

O	O	O	O	O	O
X = 1	2	3	4	5	6

O	O	O	O	O	O
X = 1	2	3	4	5	6

Color by number:

1 red
2 green
3 purple
4 orange
5 black

UNIT 2: Hot Air Balloon

1.

balloon

2.

mountains

3.

clouds

Balloon Chant

Up, up, up, float high up in the **clouds,**
the **balloon** goes **up,**
high **up** in the **clouds,** don't look down,
wow it's the **mountains**! Don't **crash**!

WORDBANK	
balloon	up
mountains	crash
clouds	float

UNIT 2: Hot Air Balloon

1.

Yes I did it!

2.

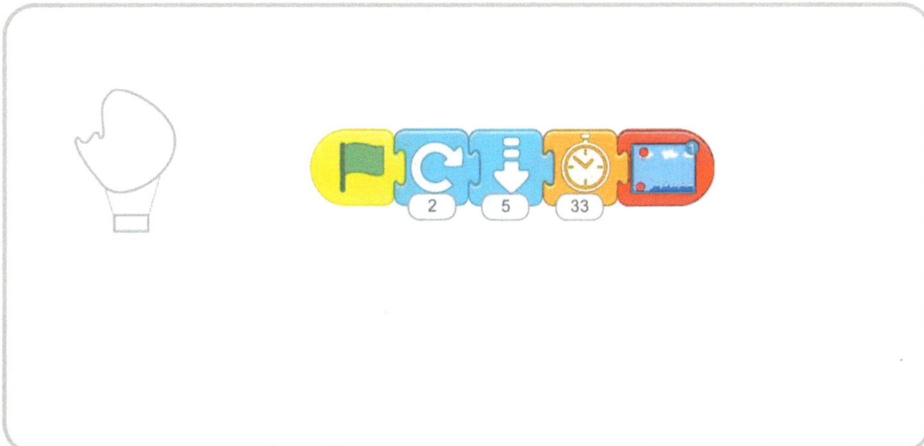

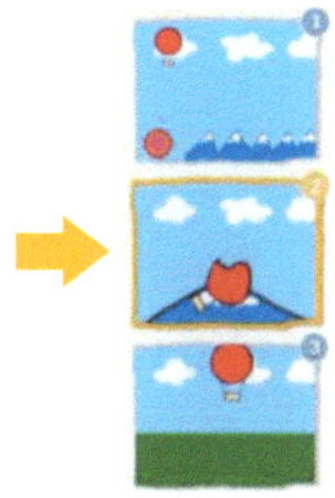

Yes I did it!

3.

Yes I did it!

Extra Programming

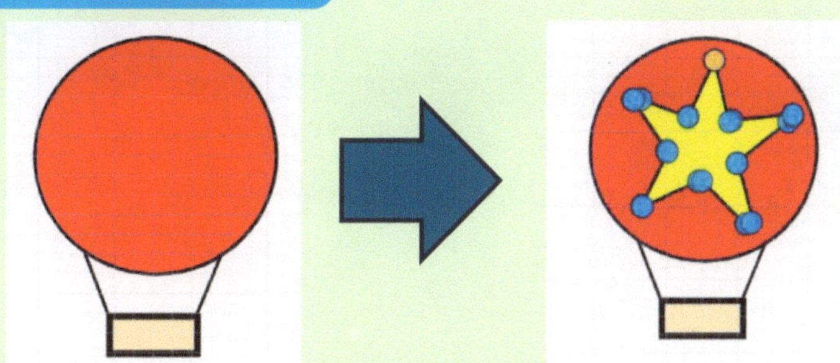

Yes I did it!

UNIT 2: Hot Air Balloon

Connect:

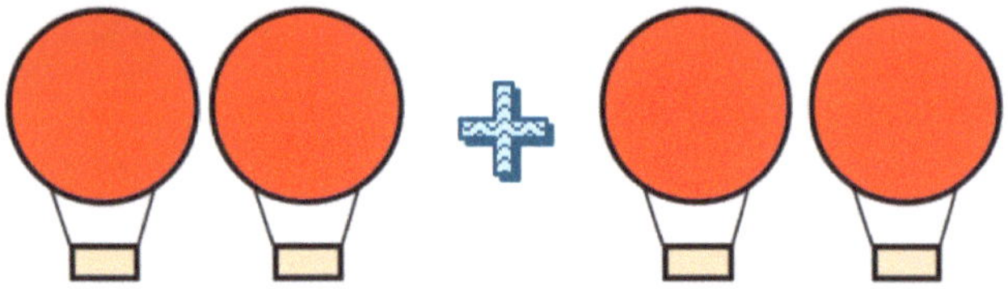

10

4

6

Color the code:

UNIT 2: Hot Air Balloon

Find: 

	O	O	O	O	O	O
x =	1	2	3	4	5	6

	O	O	O	O	O	O
x =	1	2	3	4	5	6

	O	O	O	O	O	O
x =	1	2	3	4	5	6

Color:

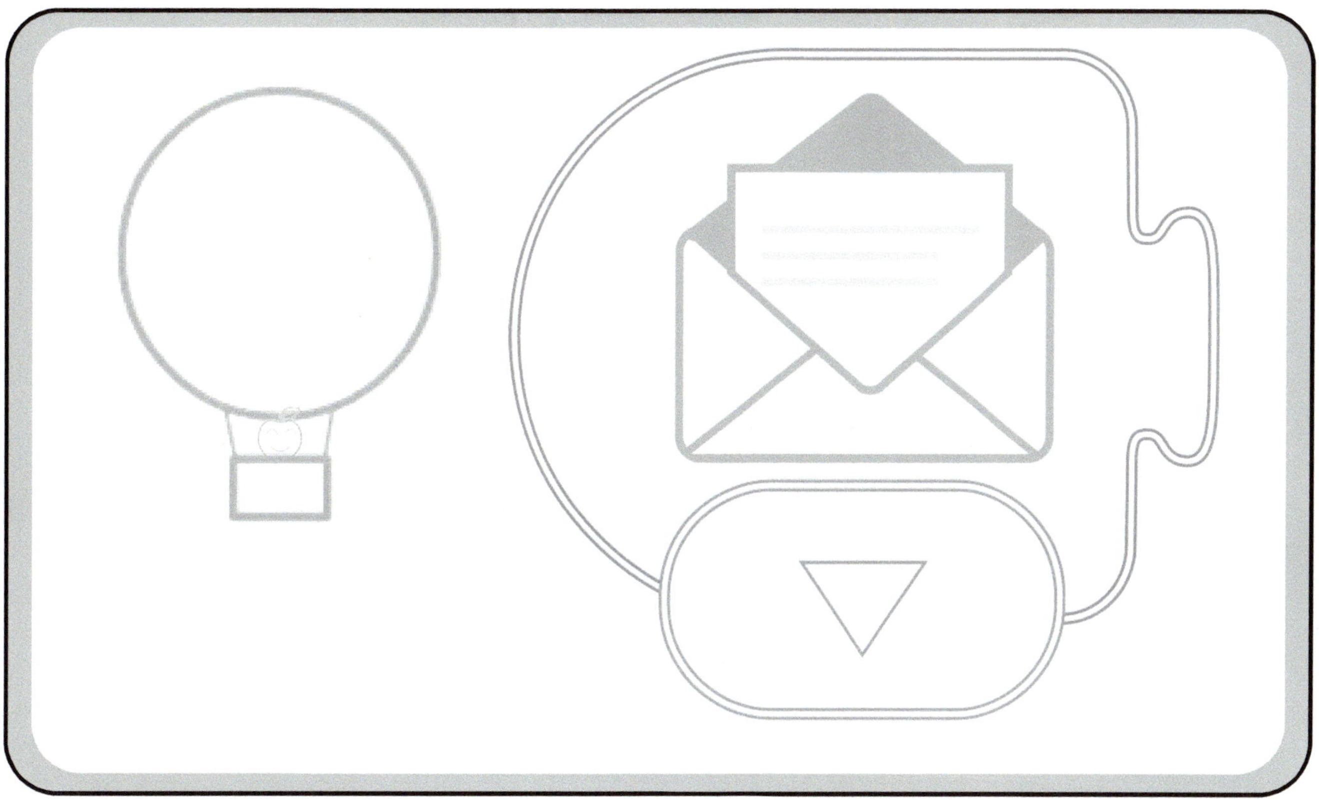

UNIT 3: Fishing

1.

fish

2.

hook

3.

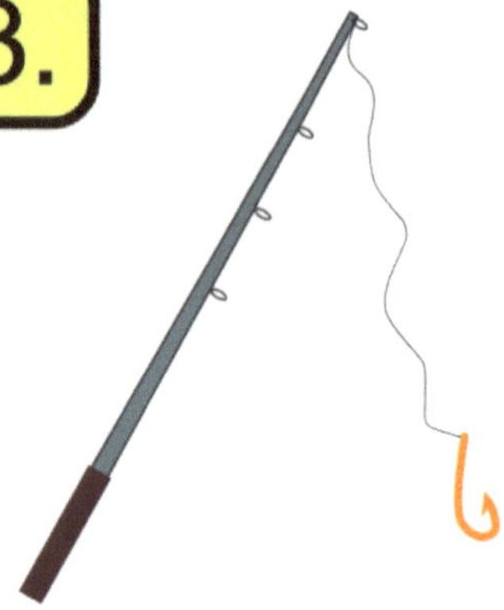

fishing rod

Fishing Chant

I'm fishing at the pond,
catching a **fish** on my **fishing rod**,
take the **hook**, cast it in the pond,
take a look, it's a **fish**! **Reel** it in quick!

Can you catch a fish?

WORDBANK	
fish	catching
hook	cast
fishing rod	reel

Yes I can!

UNIT 3: Fishing

1.

Yes I did it!

2.

Yes I did it!

3.

Yes I did it!

Extra Programming

Yes I did it!

UNIT 3: Fishing

Connect:

7

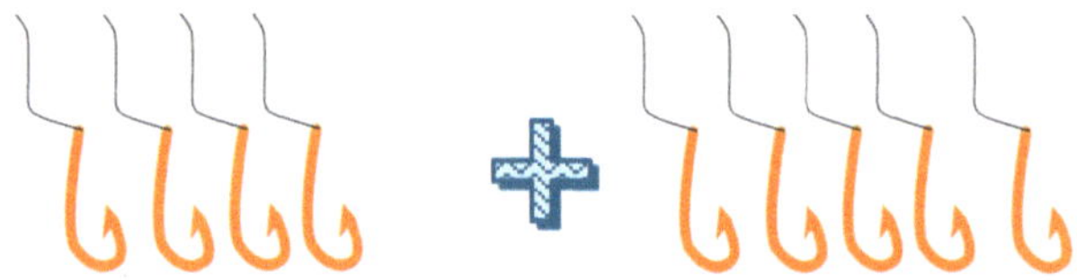

2

9

Code search:

UNIT 3: Fishing

Find:

	O	O	O	O	O	O
x =	1	2	3	4	5	6

	O	O	O	O	O	O
x =	1	2	3	4	5	6

	O	O	O	O	O	O
x =	1	2	3	4	5	6

Find and color:

UNIT 4: Skiing

1.

mountain

2.

skier

3.

tree

Skiing Chant

You're a **skier** going down the **mountain** fast,
Look, it's a **tree**, **turn** quick, ♫
You're a **skier** going down the **mountain** fast,
ski carefully to **avoid** it!!

WORDBANK	
mountain	ski
skier	turn
tree	avoid

Yes I can!

UNIT 4: Skiing

1.

2.

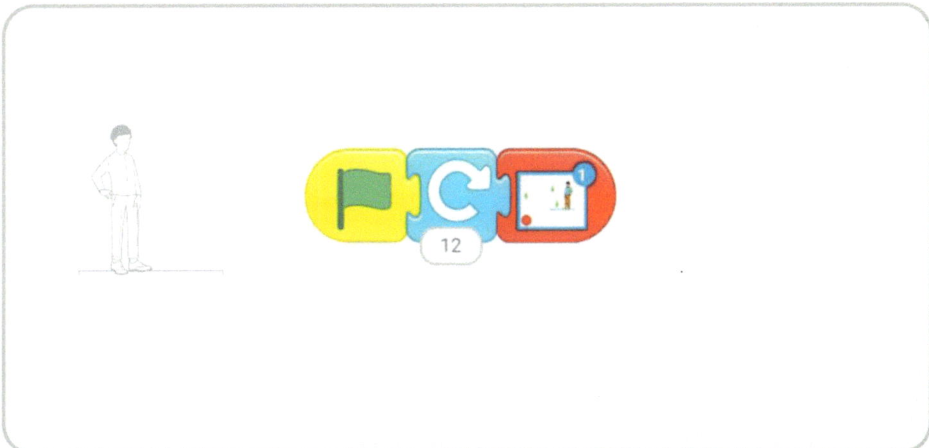

3.

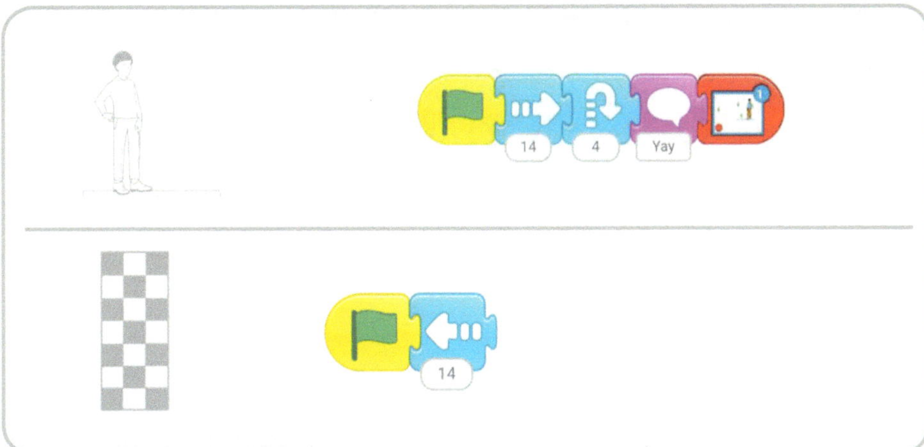

Extra Programming

UNIT 4: Skiing

Connect:

11

4

8

Count and Color:

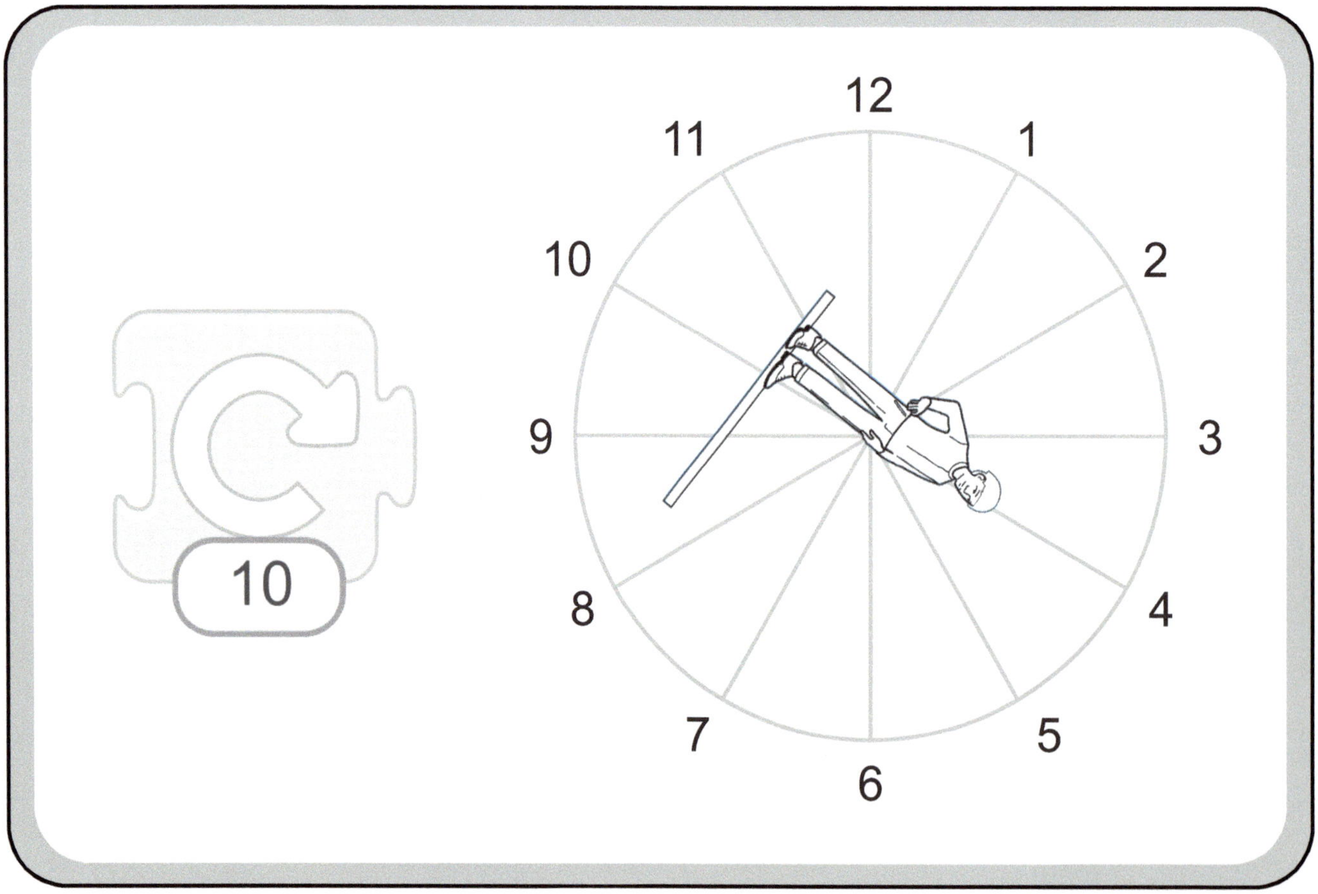

UNIT 4: Skiing

Find:

O	O	O	O	O	O
x = 1	2	3	4	5	6

O	O	O	O	O	O
x = 1	2	3	4	5	6

O	O	O	O	O	O
x = 1	2	3	4	5	6

Color:

UNIT 5: Fashion Design

1\.

colors

2\.

line

3\.

costume

Fashion Design Chant

Select your **colors**, **draw** your **line**,
change your **costume**, one more time,
The frog and princess now will kiss and
make him into a handsome prince

Can you design a costume?

WORDBANK	
colors	select
line	draw
costume	change

UNIT 5: Fashion Design

1.

Yes I did it!

2.

Yes I did it!

3.

Yes I did it!

Extra Programming

Yes I did it!

UNIT 5: Fashion Design

Connect:

5

12

3

Color by number:

1 pink
2 green
3 yellow
4 orange
5 black
6 gray

UNIT 5: Fashion Design

Circle:

Draw and color:

UNIT 6: Car Race

1.

cars

2.

finish line

3.

trophy

Car Race Chant

Cars, are you ready to **win** a **trophy**?
Race **cars fast** out on the road,
cross the **finish line**, **go, go, go**,
Drive, drive **fast**, in my **car** (3x)

WORDBANK	
cars	fast
finish line	go
trophy	win

UNIT 6: Car Race

1.

Yes I did it!

2.

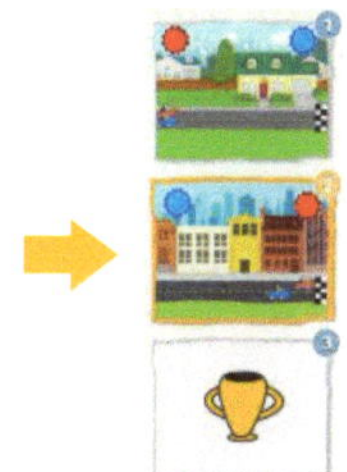

Yes I did it!

3.

Yes I did it!

Extra Programming

Yes I did it!

UNIT 6: Car Race

Connect:

2

6

9

Code search:

UNIT 6: Car Race

Find:  

6	O
5	O
4	O
3	O
2	O
1	O

y =

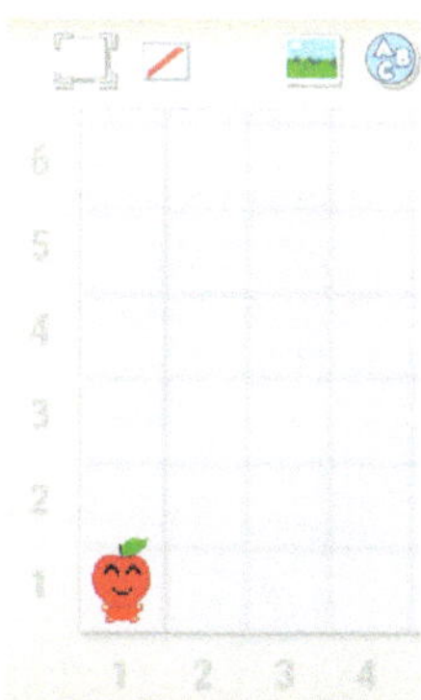

6	O
5	O
4	O
3	O
2	O
1	O

y =

6	O
5	O
4	O
3	O
2	O
1	O

y =

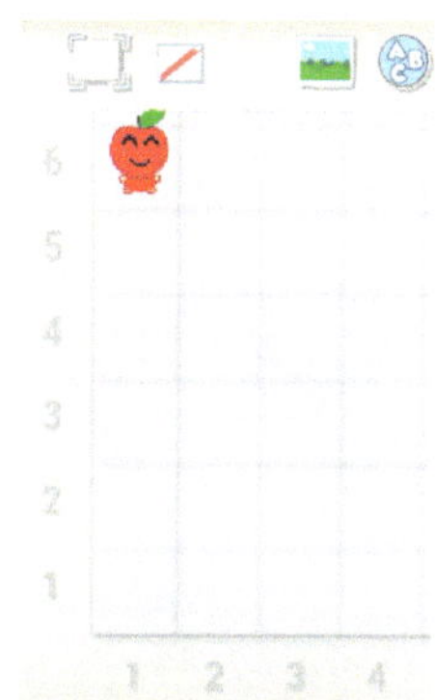

Color the code: 

UNIT 7: Collect Apples

1.

basket

2.

apples

3.

orchard

Collect Apples Chant

Going for a walk, in the **orchard**,
going to go, looking for some **apples**,
Look, there's one! Let's **collect** it,
Put the **apples** in my **basket** (3x)

WORDBANK	
basket	put
apples	collect
orchard	look

UNIT 7: Collect Apples

1.

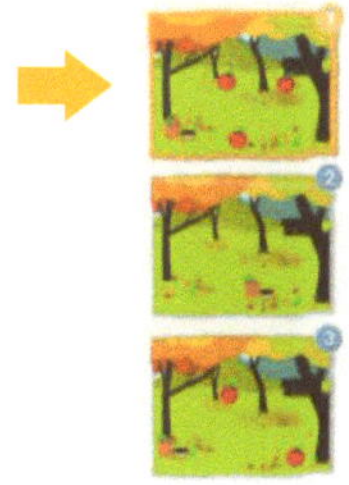

Yes I did it!

2.

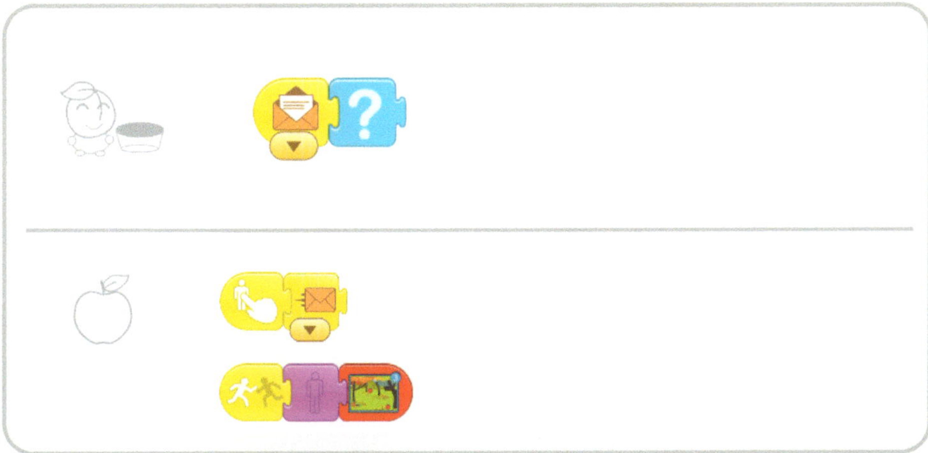

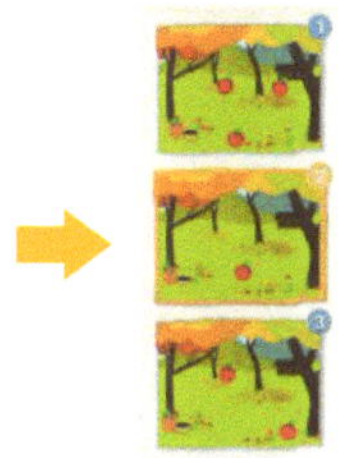

Yes I did it!

3.

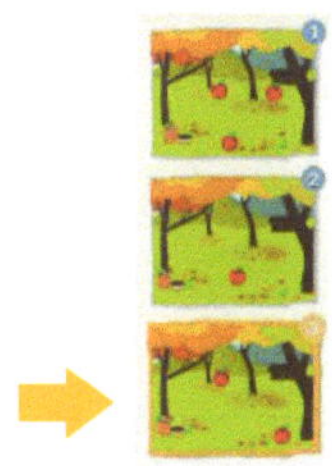

Yes I did it!

Extra Programming

Yes I did it!

UNIT 7: Collect Apples

Connect:

7

13

4

Find and color:

UNIT 7: Collect Apples

Find:  

6	O
5	O
4	O
3	O
2	O
1	O

y =

6	O
5	O
4	O
3	O
2	O
1	O

y =

6	O
5	O
4	O
3	O
2	O
1	O

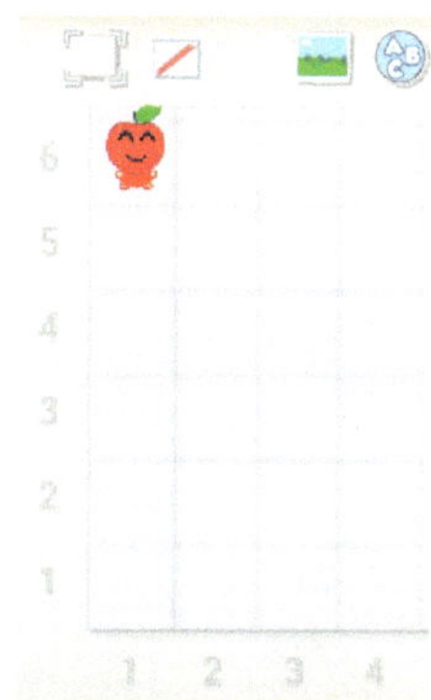

y =

Color:

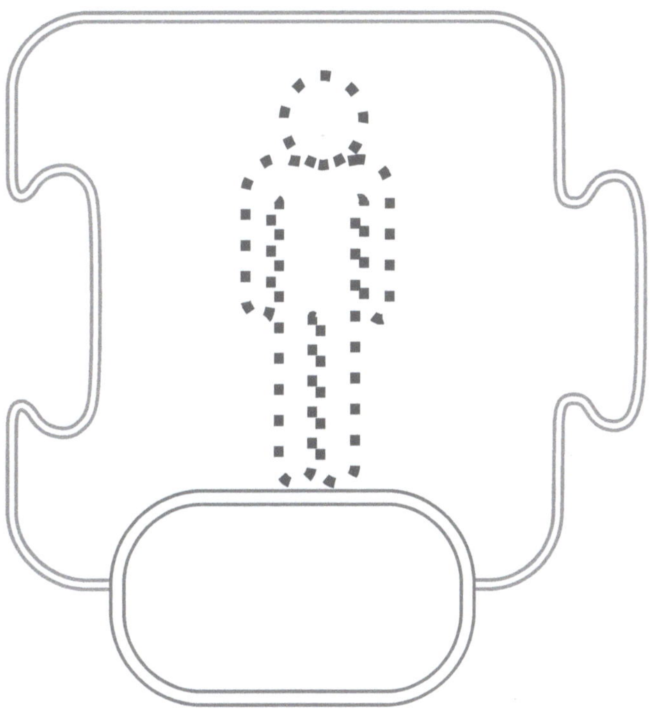

UNIT 8: Golf

1.

golf ball

2.

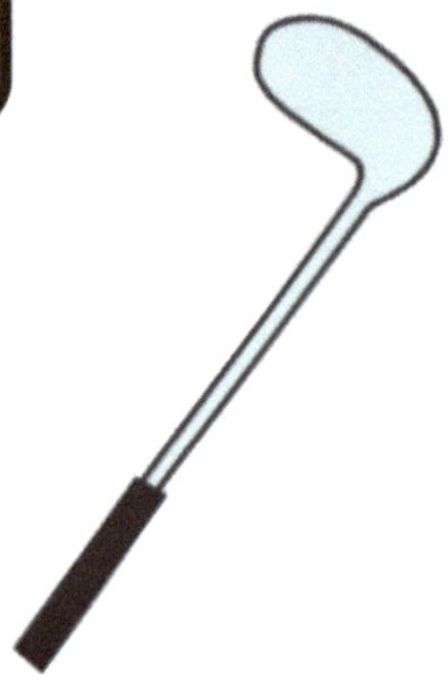

golf club

3.

hole

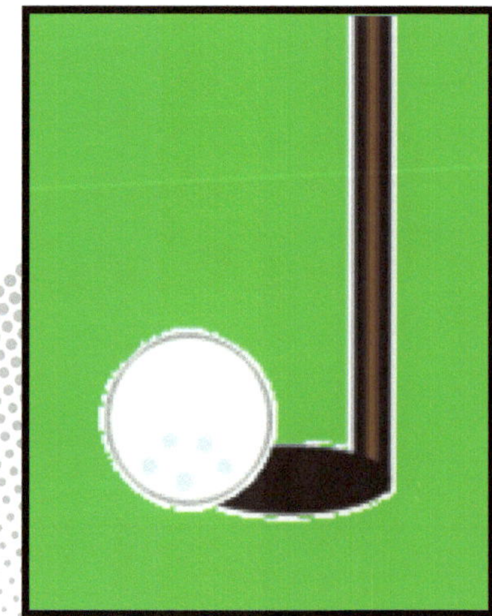

Golf Chant

Shhhh quiet,

look at the **golf ball**, **swing** the **golf club**, watch it fly high above, land on the green, and **sink** it in the **hole**

WORDBANK	
golf ball	hit
golf club	swing
hole	sink

UNIT 8: Golf

1.

Yes I did it!

2.

Yes I did it!

3.

Yes I did it!

Extra Programming

Yes I did it!

UNIT 8: Golf

Connect:

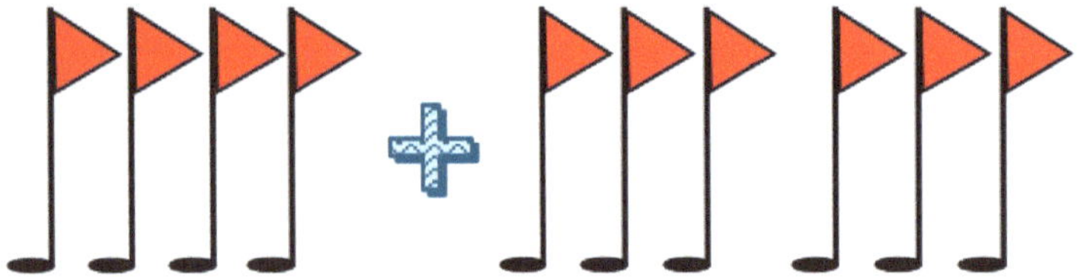

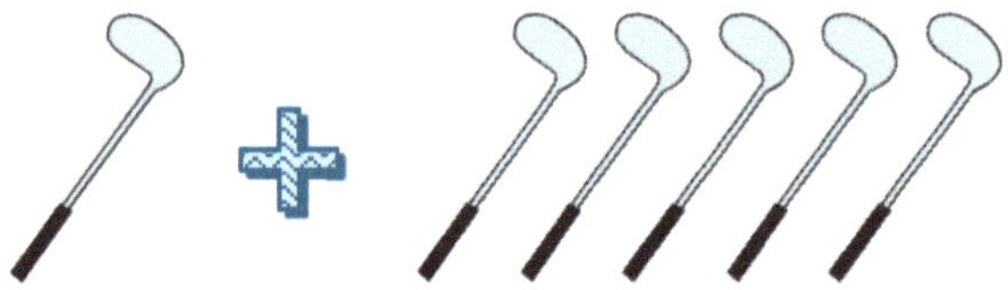

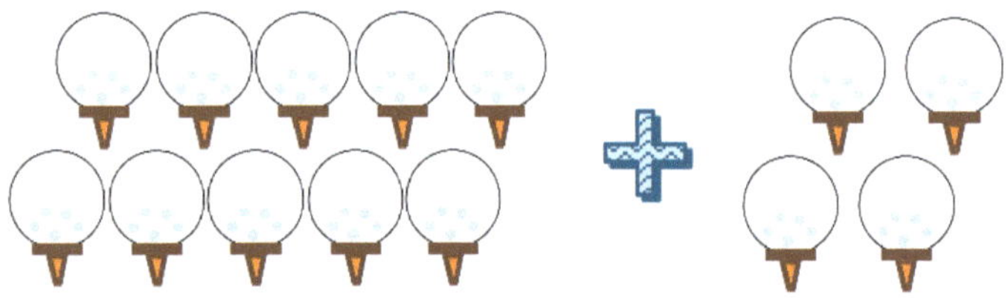

6

14

10

Code search:

UNIT 8: Golf

Find:

6	O
5	O
4	O
3	O
2	O
1	O

y =

6	O
5	O
4	O
3	O
2	O
1	O

y =

6	O
5	O
4	O
3	O
2	O
1	O

y =

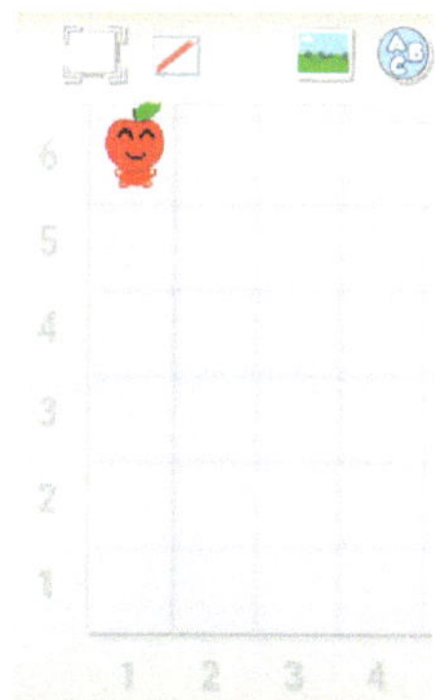

Color by number:

1 blue
2 green
3 brown
4 yellow
5 black
6 red

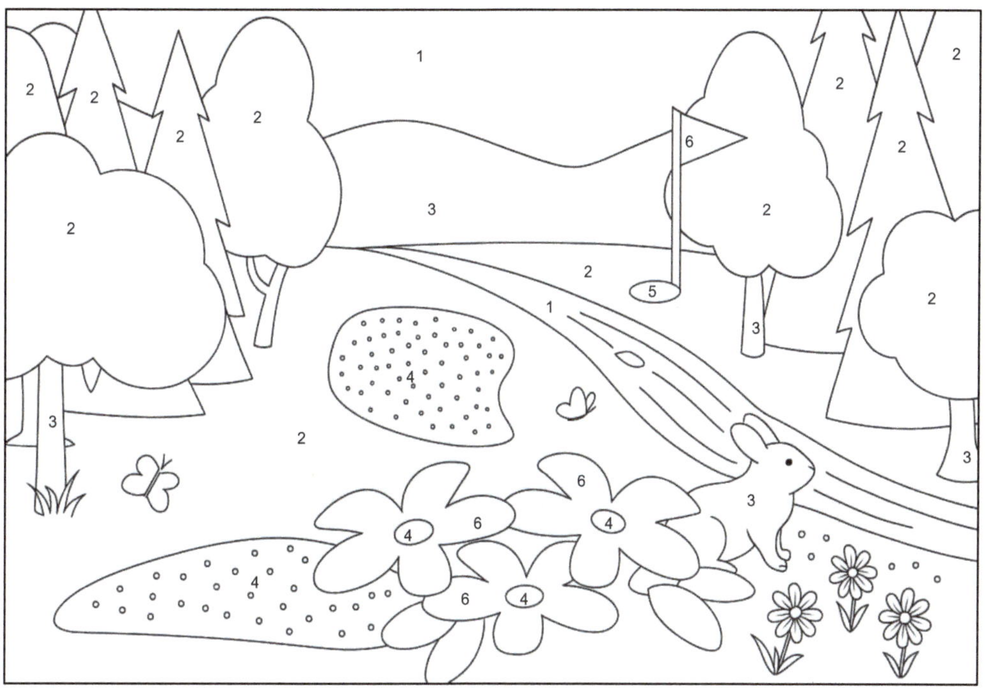

UNIT 9: Boxing

1. ring

2. timer

3. K.O.

Boxing Chant

Ring, **ring**, **ring**, **boxing** in the **ring**, ♫
Start the **timer**, let's go, let's punch, **K.O.**
Box, box, box, 1, 2, 3, 4, 5, 6, 7, 8, 9, 10!
Ring, ring, ring, **K.O.** You **win**!

WORDBANK	
ring	boxing
timer	start
K.O.	punch

UNIT 9: Boxing

1.

2.

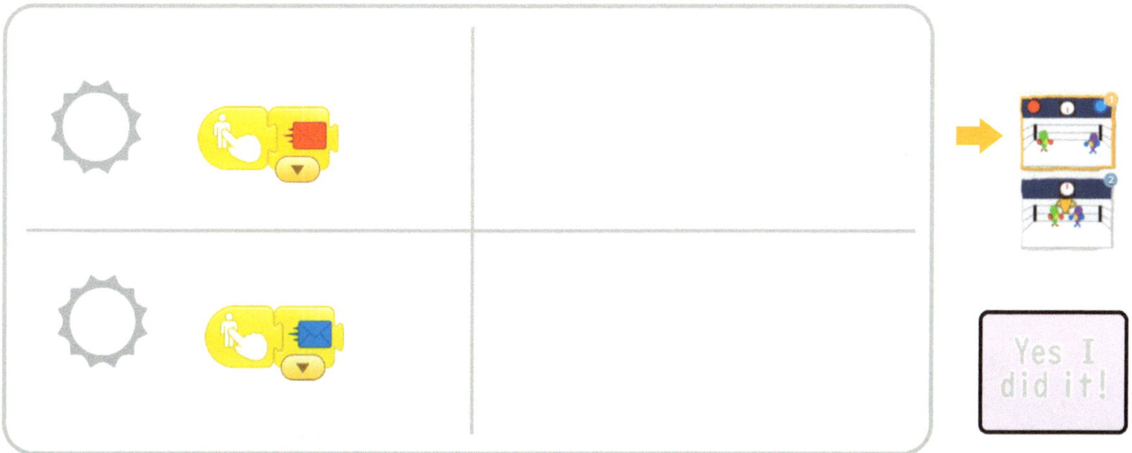

3.

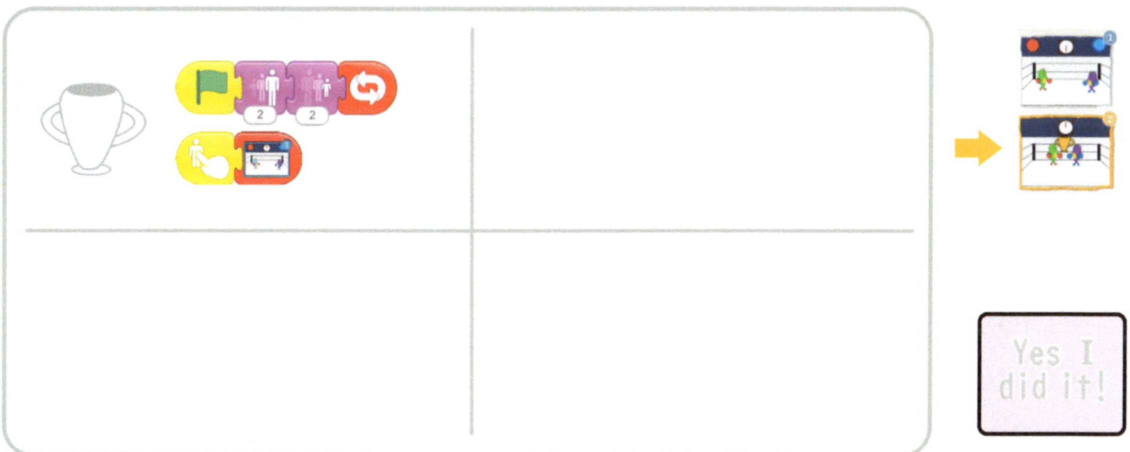

Extra Programming

UNIT 9: Boxing

Connect:

11

3

7

Color by number:

1 red
2 green
3 purple
4 blue
5 black
6 yellow

UNIT 9: Boxing

Find:

6	O
5	O
4	O
3	O
2	O
1	O

y =

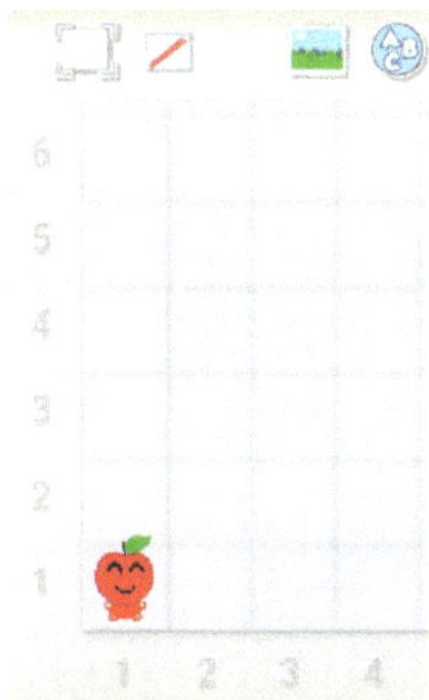

6	O
5	O
4	O
3	O
2	O
1	O

y =

6	O
5	O
4	O
3	O
2	O
1	O

y =

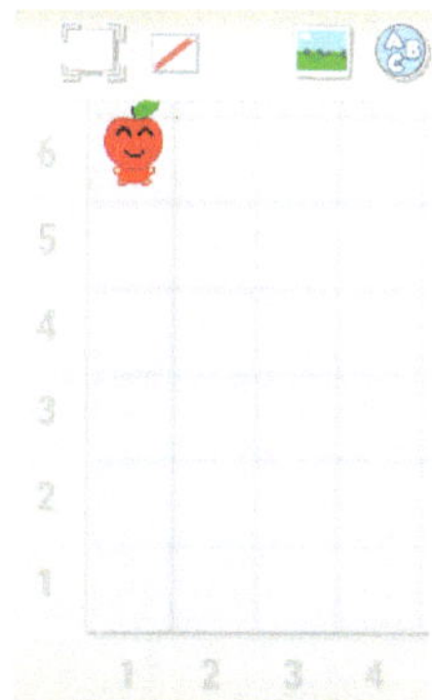

Color the code:

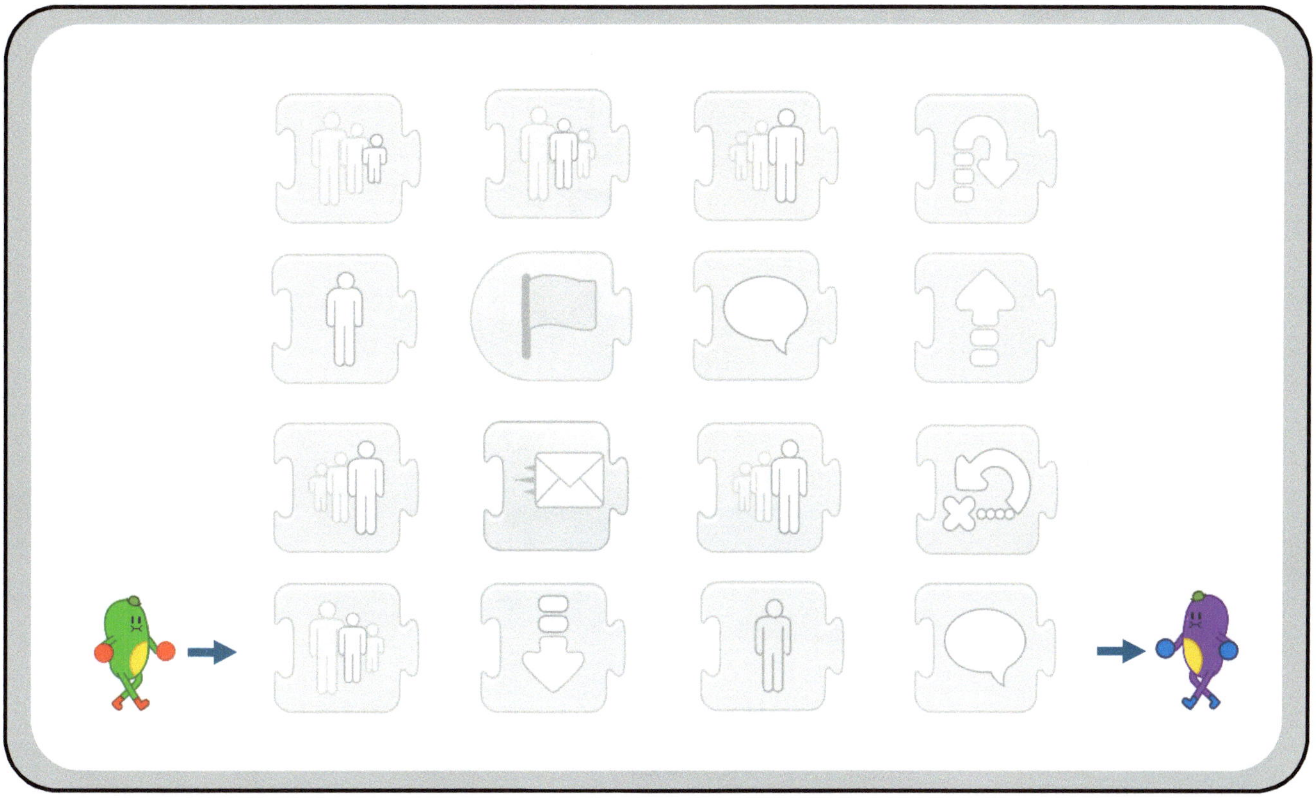

UNIT 10: Rafting

1.

boat

2.

waves

3.

sea

Rafting Chant

Rafting in my **boat**,

Rowing over **waves**,

Traveling by **sea**,

Oh, is a happy day!

WORDBANK	
boat	rafting
waves	rowing
sea	traveling

UNIT 10: Rafting

1.

Yes I did it!

2.

Yes I did it!

3.

Yes I did it!

Extra Programming

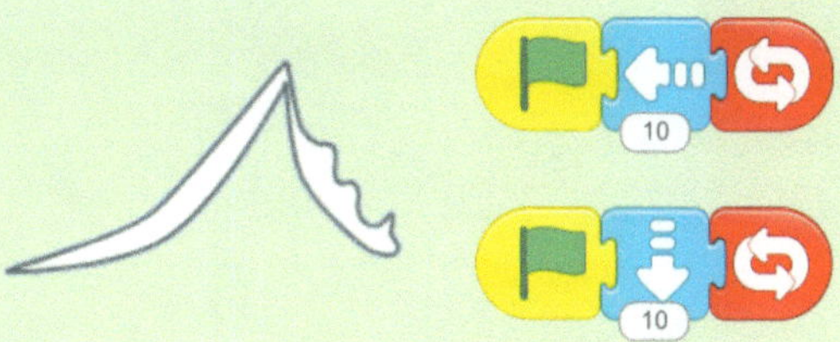

Yes I did it!

UNIT 10: Rafting

Connect:

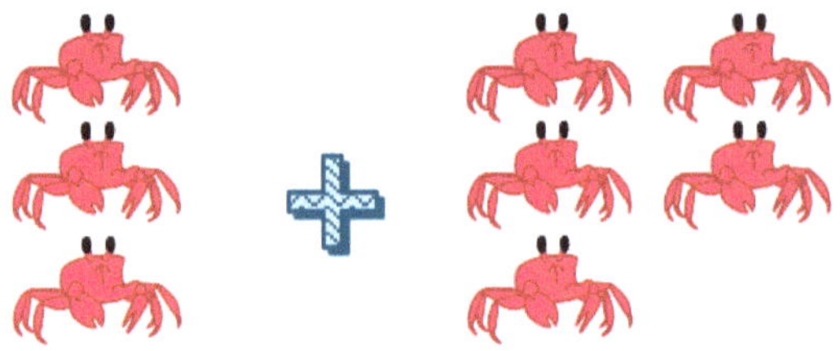

13

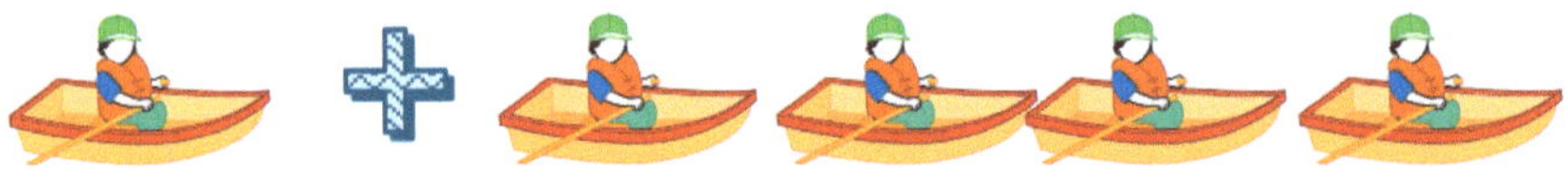

5

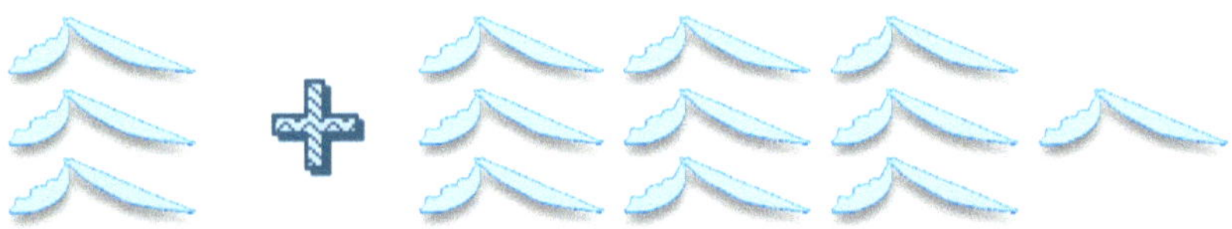

8

Color by number:

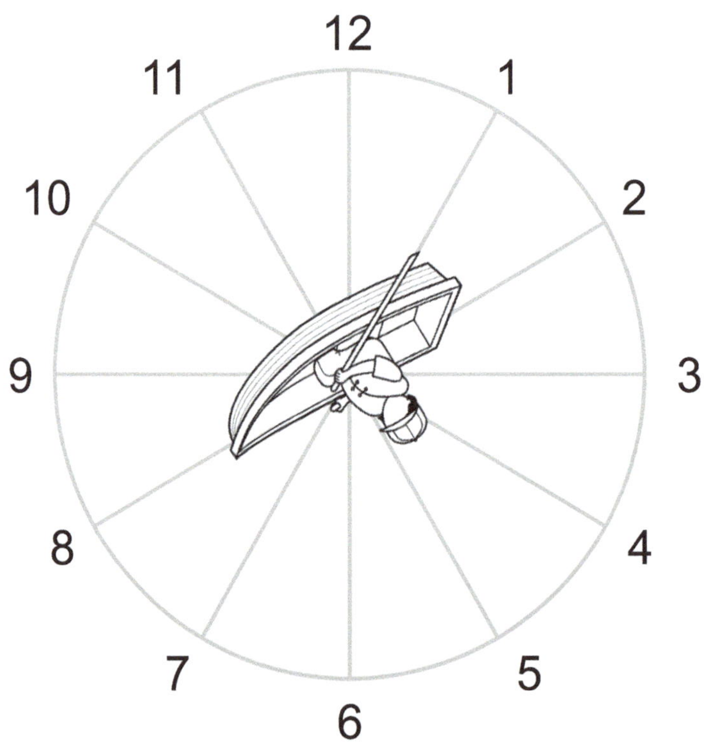

UNIT 10: Rafting

Find:

y	
6	O
5	O
4	O
3	O
2	O
1	O

y =

x =	1	2	3	4	5	6
	O	O	O	O	O	O

Draw and color:

Start on green flag

Start on tap

Start on bump

Start on message

Send a message

Move forward

Move back

Move up

Move down

Turn right

Turn left

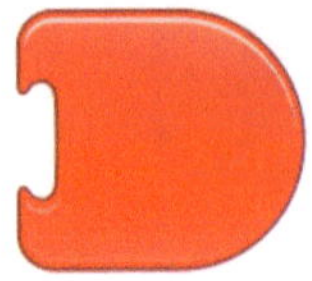

End

Repeat forever

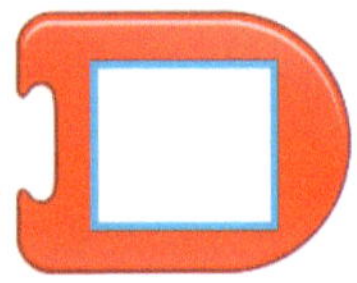

Go to page

Hop

Go home

Say

Grow

Shrink

Reset size

Hide

Show

Play

Wait

Stop

Set speed

repeat

CHESTNUT TREE
LEARNING©

Written by: Kensho Koyama & Mindaugas Ramanauskis

www.ingramcontent.com/pod-product-compliance
Lightning Source LLC
Chambersburg PA
CBHW061046240926
51847CB00017BA/45
* 9 7 8 4 9 9 1 4 4 3 1 2 1 *